I0796270

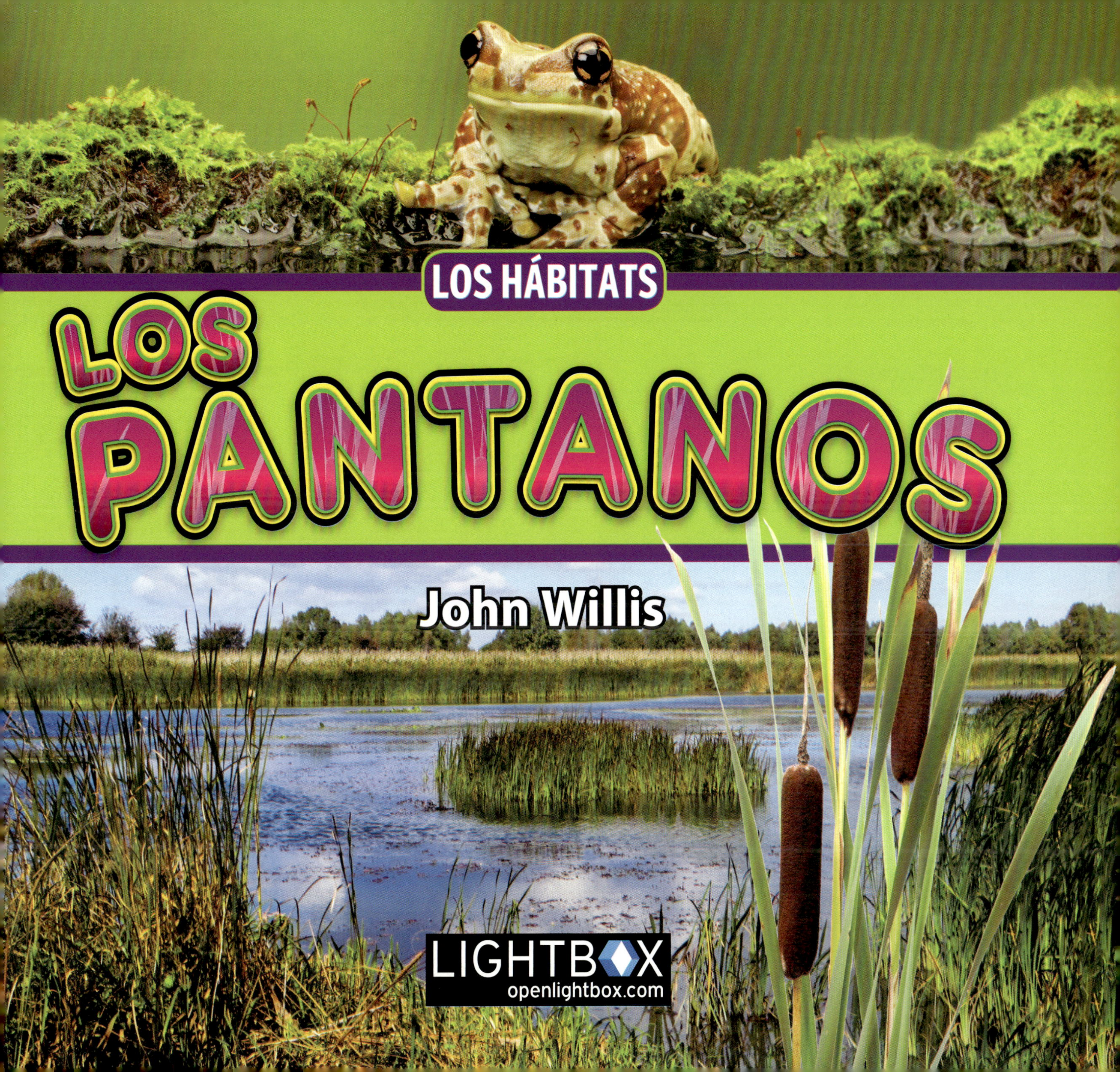
LOS HÁBITATS
LOS PANTANOS
John Willis
LIGHTBOX
openlightbox.com

Entre a
www.openlightbox.com
e ingrese el código único
de este libro.

CÓDIGO DE ACCESO

LBN53362

Lightbox es una completa solución digital para enseñar y aprender temas curriculares de una manera original e innovadora. Lightbox se basa en las Normas Curriculares Nacionales.

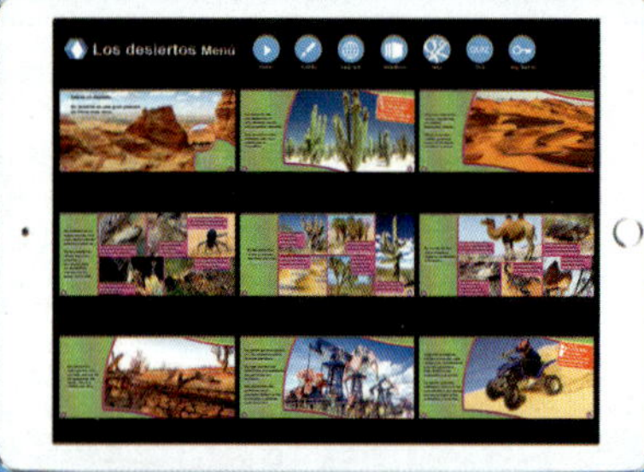

OPTIMIZADO PARA

- ✓ **TABLETAS**
- ✓ **PIZARRAS ELECTRÓNICAS**
- ✓ **COMPUTADORAS**
- ✓ **¡Y MUCHO MÁS!**

CARACTERÍSTICAS ESTÁNDAR DE LIGHTBOX

AUDIO Narraciones de alta calidad con sistema de texto a voz

VIDEOS Videoclips de alta definición incorporados

ACTIVIDADES PDFs imprimibles que pueden enviarse por correo electrónico y calificarse

ENLACES WEB Enlaces cuidadosamente seleccionados con recursos seguros para niños

PRESENTACIÓN EN DIAPOSITIVAS Ilustraciones gráficas de los conceptos clave

MAPAS INTERACTIVOS Mapas interactivos e imágenes satelitales aéreas

CUESTIONARIOS Diez preguntas de elección multiple con puntaje automático que se envían por correo electrónico al docente para su evaluación

PALABRAS CLAVE Combinación de los conceptos clave con sus definiciones

VIDEOS

ENLACES WEB

PRESENTACIÓN EN DIAPOSITIVAS

CUESTIONARIOS

Contenidos

Este es un pantano.

Un pantano es un lugar donde la tierra está cubierta de aguas superficiales.

América del Sur tiene el pantano natural más grande del mundo.

Se pueden encontrar pantanos en muchas partes del mundo.

Algunos tienen agua todo el año. Otros tienen agua solo en algunas épocas del año.

Los pantanos son como enormes esponjas que almacenan el agua de la lluvia y la nieve.

El musgo es una de las plantas del pantano. Puede contener grandes cantidades de agua.

Los musgos de las turberas pueden contener hasta **20 veces** su peso en agua.

Un hábitat es un lugar donde vive una determinada planta o animal.

En los pantanos viven muchas plantas y animales que se necesitan mutuamente para sobrevivir.

Los castores crean nuevos pantanos al construir sus diques.

Las ranas se esconden entre las lentejas de agua para no correr peligro.

Los caracaras evitan que los capibaras se enfermen comiéndose los insectos de su piel.

La venus atrapamoscas se alimenta de insectos en lugar de alimentarse del suelo.

Las algas producen el aire que necesitan los huevos de salamandras para crecer.

En los pantanos viven y crecen muchas plantas.

Las raíces de las totoras sirven de alimento para los ratones almizcleros.

Los manglares sirven de refugio para las familias de peces.

El arroz es un cultivo importante en todo el mundo.

Las semillas de nenúfar se hunden o flotan hasta otros lugares donde pueden crecer.

Los troncos huecos de los cipreses suelen alojar a los patos joyuyos.

En los pantanos viven muchos animales diferentes.

Las tortugas de pantano pasan el invierno bajo el agua enterradas en el fango.

El cocodrilo puede contener la respiración bajo el agua hasta por 2 horas.

Los peces del fango pueden vivir gran parte del tiempo en tierra.

Los ratones almizcleros están cubiertos por un pelaje impermeable.

La gran garza azul usa su pico puntiagudo para cazar su alimento en el agua.

Las plantas y las bacterias eliminan los desechos de las aguas del pantano.

Al eliminar los desechos, las aguas quedan limpias. La gente puede beber el agua de los pantanos sin correr ningún riesgo.

La gente drena el agua de los pantanos para liberar espacio y construir edificaciones y granjas.

El drenaje de los pantanos lastima a los animales y plantas que viven allí.

En los Estados Unidos hay leyes que protegen a sus pantanos.

La gente debe reponer todos los pantanos que destruya.

Actualmente, hay **más de 1.000** pantanos artificiales en los Estados Unidos.

Cuestionario sobre los pantanos

Veamos qué has aprendido sobre los pantanos.

Encuentra estos animales y plantas del pantano en el libro. ¿Cómo se llaman?

Published by Smartbook Media Inc.
350 5th Avenue, 59th Floor New York, NY 10118
Website: www.openlightbox.com

Library of Congress Control Number: 2017961913

ISBN 978-1-5105-3360-8 (hardcover)
ISBN 978-1-5105-3361-5 (multi-user eBook)

Printed in the United States of America in Brainerd, Minnesota
1 2 3 4 5 6 7 8 9 0 22 21 20 19 18

012018
011518

Spanish Project coordinator: Sara Cucini
Spanish Editor: Translation Services USA
English Project coordinator: John Willis
Designer: Ana María Vidal

Every reasonable effort has been made to trace ownership and to obtain permission to reprint copyright material. The publisher would be pleased to have any errors or omissions brought to its attention so that they may be corrected in subsequent printings.

The publisher acknowledges Alamy, Getty Images, iStock, Minden Pictures, Dreamstime, and Shutterstock as the primary image suppliers for this title.